DE GRAVELOTTE

à

SEDAN

EXTRAITS DES MÉMOIRES

du Général P.-H. SHERIDAN

Traduit par Eug. AUBRY

PRIX : **1** FR. **50**

PARIS

CHARLES, LIBRAIRE.

8, rue Monsieur-le-Prince, 8

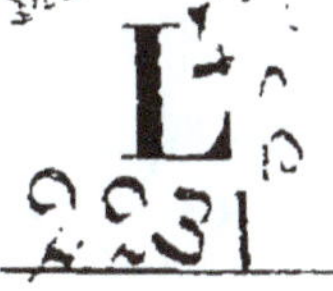

DE GRAVELOTTE

à

SEDAN

DE GRAVELOTTE

à

SEDAN

EXTRAITS DES MÉMOIRES

du Général P.-H. SHERIDAN

Traduit par Eug. AUBRY

PARIS

A. CHARLES, LIBRAIRE

8, rue Monsieur-le-Prince, 8

DE GRAVELOTTE

à

SEDAN

Extraits des Mémoires du Général P.-H. SHERIDAN [*]

Traduit par Eug. AUBRY

La mode est aux Mémoires, on en fait en Amérique aussi bien qu'en France ; le général P.-H. Sheridan vient de publier les siens.

Sheridan est un général de cavalerie des plus connus des temps modernes, et sa carrière est aussi intéressante que merveilleuse, tant à cause des hautes positions qu'il a occupées que des événements mémorables dont il a été le témoin. Nous extrayons de ces Mémoires un passage relatif aux faits qui se sont passés sous ses yeux pendant la guerre franco-allemande, particulièrement des batailles de Gravelotte et de Sedan. Bien des livres ont été écrits sur cette guerre épouvantable, bien des faits ont été racontés et commentés avec partialité dans les deux camps ; il nous a paru qu'un général étranger pouvait donner une note sur certains faits, c'est ce qui nous a engagé à entreprendre ce petit travail et le mettre sous les yeux des lecteurs français.

[*] Charles Scribner et fils, éditeurs, New-York.

1.

Après avoir commandé, pendant une année, la division du Missouri qui comprend tous les postes de la région des Montagnes Rocheuses, j'ai pensé qu'il m'était nécessaire de faire une inspection des postes militaires établis au nord de l'Utah et du Montana, afin de me rendre compte par moi-même de leur situation et de leurs besoins, et, en même temps, de me familiariser avec la disposition géographique et topographique de cette section de la division sous mon commandement.

Donc, en mai 1870, je me dirige vers l'Ouest par le chemin de fer Union Pacific, et, en arrivant à la station nommée Corinne, aussitôt après Ogden, je prends passage dans la diligence qui doit me conduire à Héléna, la capitale du territoire de Montana. Héléna est à près de cinq cents milles (660 kilomètres) au nord de Corinne, et, par les moyens ordinaires de locomotion, le voyage était, à cette époque, extrêmement fatigant ; nous convînmes, avec les officiers d'état-major qui m'accompagnaient, d'interrompre notre voyage pendant une journée pour prendre du repos. Cela rendit le voyage plus supportable, et nous arrivâmes à Héléna sans trop grande fatigue.

Au moment où j'avais quitté Chicago, les journaux étaient remplis des rumeurs de guerre entre la France et l'Allemagne.

Je suivais les nouvelles avec beaucoup d'attention, car j'étais décidé à voir les événements de très près.

Mais les nouvelles me paraissant contradictoires pour les probabilités du commencement des hostilités, je m'étais décidé à entreprendre quand même mon inspection, lorsqu'en arrivant à Héléna les dépêches ont un tel caractère de gravité que je ne doute pas un seul instant que la guerre ne soit proche entre les deux nations ; je me décide brusquement à interrompre ma tournée d'inspection et à partir pour l'Europe afin d'y suivre les événements qui vont s'y dérouler, si je puis obtenir la permission du Président Grant.

A mon arrivée à New-York, je communique mes projets à mon camarade Sherman, qui en parle au Président ; aucune objection n'étant faite à mon projet, je commence mes prépara-

tifs et retiens un passage sur le navire *Hoka*
pour Liverpool.

Le Président Grant avait manifesté le désir
de me voir avant mon départ, de sorte que je
me rendis à Long-Branch pour lui rendre visite quelques jours avant de m'embarquer.

Pendant la courte visite que j'eus l'honneur
de lui rendre, le Président me demanda quel
état-major je comptais accompagner : l'allemand ou le français. Je lui répondis que je
choisissais l'état-major allemand, parce que je
pensais, d'après les renseignements qui m'é-
taient parvenus, qu'il serait victorieux et que
l'on avait mieux le loisir d'examiner les faits
du côté des vainqueurs que du côté des
vaincus.

Mon choix parut lui plaire beaucoup, car il
avait le plus profond mépris pour Louis Napoléon et l'avait toujours regardé comme un usur-
pateur et un charlatan.

Avant de nous séparer, le Président me
donna la lettre suivante pour nos représentants
à l'étranger, et qui me servit utilement pour
obtenir l'autorisation d'accompagner l'état-
major du roi de Prusse.

Long-Branch (New-Jersey), 25 juillet 1870.

Le lieutenant-général P.-H. Sheridan, de l'armée des
Etats-Unis, est autorisé à visiter l'Europe et à revenir
quand bon lui semblera, à moins d'un ordre exprès de
nous-même. Il est recommandé à tous les agents du
Gouvernement des Etats-Unis à l'étranger, de lui prê-
ter aide et assistance si besoin est.

A tous les citoyens ou représentants des Gouverne-
ments étrangers, je le présente comme un brave soldat
ayant fait dignement son devoir dans toutes les graves
circonstances dans lesquelles il a été mêlé. Les services
qui lui seront rendus mériteront la reconnaissance de
sa patrie, qu'il a toujours loyalement et fidèlement
servie.

U.-S. GRANT.

La nouvelle de mon départ avait été télégra-
phiée en Europe et reproduite par tous les
journaux. Mon excellent ami Elihu B. Wash-
burne, notre ministre en France, pensant que
je désirais accompagner l'état-major français,
fit les premières démarches pour mon intro-
duction. Il s'en ouvrit au Ministre de la Guerre,
mais l'affaire n'eut pas de suite, puisque mes
intentions étaient différentes. Ce n'est qu'a-
près la capitulation de Paris que je pus le re-
mercier de sa bienveillance.

Je m'embarquai à New-York le 27 juillet

1870 avec un de mes aides de camp, le général James W. Forsyth, et nous arrivâmes à Liverpool le 6 août.

Le lendemain, nous nous rendions à notre Légation, à Londres, où nous fûmes reçus avec la plus grande cordialité par tout le personnel.

Nous quittons Londres le 9 août pour Bruxelles, où nous sommes reçus par notre ministre en cette ville, M. Russell Jones, et, le soir même, nous partions pour l'Allemagne.

On ne délivrait pas de billets au delà de Vera. En y arrivant, on nous apprend que le Ministre de la Guerre a télégraphié à l'Inspecteur militaire des Chemins de fer, l'ordre de nous attendre à Cologne et de nous faciliter notre voyage vers le lieu des opérations militaires. Mais ce fonctionnaire, pour une cause inexpliquée, plutôt que de nous envoyer sur le théâtre de la guerre, nous dirige sur Berlin.

Là, notre ministre, M. G. Bancroft, nous communique un télégramme du chancelier comte de Bismarck, disant que nous étions attendus au quartier général du roi Guillaume.

Ce télégramme avait été envoyé à Bruxelles au ministre de Prusse, mais nous avions déjà quitté cette ville à ce moment. Aussitôt notre arrivée à Berlin, la reine nous envoie un messager pour nous annoncer qu'elle nous recevrait avec plaisir le lendemain. Cependant, comme les dépêches particulières reçues par M. Bancroft, notre ministre, faisaient prévoir que des événements importants allaient se dérouler prochainement sur le théâtre de la guerre, nous le prions de présenter nos excuses à la souveraine, de ne pouvoir accepter son invitation, et, le soir même, nous quittions Berlin, après y avoir séjourné moins d'une journée.

Notre train était très chargé et composé de quatre-vingts wagons; quoique tiré par trois locomotives, nous avancions très lentement et le voyage était fort ennuyeux.

En arrivant à Cologne, nous gagnons la vallée du Rhin jusqu'à Burgen ; là, nous le traversons pour nous rendre à Saarbrück et Remilly. Nous quittons le chemin de fer et nous nous rendons, dans une charrette, à Pont-à-Mousson, où nous arrivons le 17 août au soir.

Cette petite cité a été cédée à la France par la paix de Westphalie, et, quoique allemande d'origine, était devenue depuis ce temps profondément attachée à la France. La ville était tellement encombrée d'officiers et de soldats allemands, qu'il était difficile de trouver à se loger ; après quelques recherches, nous nous casons dans un hôtel convenable.

Après avoir pris un léger repas, j'envoie ma carte au comte de Bismarck, qui me répond en me désignant neuf heures du soir le jour même, pour notre entrevue. Quand l'heure est arrivée, je me rends auprès du comte et je le trouve vêtu de l'uniforme des cuirassiers blancs, dont il est le colonel.

Pendant notre entrevue, il me fait part de son anxiété au sujet de la bataille qui se préparait — nous étions à la veille de Gravelotte, — mais sa préoccupation principale était de savoir quel était le sentiment public en Amérique au sujet de la guerre en cours, et particulièrement à quelle nation on attribuait la responsabilité d'avoir entamé les hostilités, ou plutôt d'avoir causé la guerre.

Je lui fais part du désir que j'avais d'assister au combat qui se préparait pour le lendemain, et aussi que, vu mon voyage et mon arrivée précipitée, je n'avais pas eu le temps de m'assurer des moyens de transport.

Il me dit alors que si je puis être prêt le lendemain à quatre heures du matin, il me prendra dans sa voiture pour me présenter au roi, ajoutant que l'un des officiers d'état-major qu'il connait a deux chevaux disponibles qui pourront m'être utiles ainsi qu'à mon aide-de-camp.

Un autre point me préoccupait : comme il était convenu avant mon départ avec le Président Grant que je ne devais me présenter officiellement nulle part, je ne savais quel costume adopter.

Je fais part de mon embarras au comte de Bismarck, et, après un moment de réflexion, nous convenons que je conserverais, ainsi que mon aide-de-camp, nos uniformes de petite tenue, moins le sabre, puisque nous n'étions pas combattants.

A quatre heures du matin, le lendemain 18 août, je me rends à la porte de la maison habitée par le chancelier. La voiture était prête, mais on n'avait pu trouver en plus qu'un seul cheval de selle, de sorte que le

général Forsyth dut en chercher un autre
pour lui.

La voiture était ouverte et à quatre places ;
nous occupions les deux du fond, le chancelier
et moi ; vis-à-vis de nous prennent place le
comte de Bismarck-Bohlen, neveu et aide-de-
camp du chancelier, et le docteur Busch à son
côté. La voiture était confortable et trainée par
quatre chevaux vigoureux, deux postillons en
uniforme complétaient l'équipage.

Tout étant prêt, nous prenons une des routes
qui conduit de Pont-à-Mousson à Rezonville,
laquelle est la grande route de Metz à Châlons
et passe près de l'endroit où, deux jours avant
le 16 août, avait été livrée la sanglante bataille
de Mars-la-Tour.

C'est par cette même route que les Poméraniens, au nombre de plus de trente mille,
se dirigeaient vers Gravelotte. Au bout de peu
de temps, nous atteignons les troupes en
marche.

Comme ces troupes venaient précisément de
la contrée habitée par le comte de Bismarck,
notre passage fut salué par de frénétiques
hourras et de nombreuses marques de sympa-

thie qui faisaient un tableau vraiment saisissant à cette heure matinale du soleil levant.

Pendant le trajet, le comte de Bismarck revint sur le sujet de conversation que nous avions eue la veille, savoir l'état de l'opinion publique en Amérique au sujet de cette guerre. Nous causons également au sujet de la forme républicaine de notre Gouvernement, et j'apprends, non sans une grande surprise, que, dans sa jeunesse, le chancelier a eu des tendances vers le républicanisme; qu'il avait dû céder à des considérations de famille pour modifier ses idées, et, qu'en définitive, la Prusse n'était pas assez avancée pour adopter cette forme de gouvernement !

Il me dit de plus qu'il avait hésité longtemps avant d'embrasser la carrière diplomatique, qu'il avait toujours désiré être soldat, mais que là, encore, il avait cédé à des considérations de famille et qu'il avait dû choisir la diplomatie.

Non loin de Mars-la-Tour nous descendons de voiture. Aussitôt arrive un aide-de-camp qui m'informe qu'il est envoyé pour m'accompagner et me présenter à Sa Majesté le Roi de

Prusse. Comme nous marchions ensemble, je m'informe de quelques détails d'étiquette, surtout si je dois ôter mon képi ; il me répond que c'est inutile, la présentation ayant lieu en plein air, il n'y a aucune étiquette à observer ni retirer ma coiffure, puisque je suis revêtu de mon uniforme.

Nous arrivons bientôt en présence du roi de Prusse, arrêté sous une allée de peupliers comme il en existe auprès des fermes, dans l'est de la France, et la présentation fut des plus cordiales.

Sa Majesté, prenant ma main dans les siennes, m'assure que je suis le bienvenu et au moyen d'un interprète, car il ne parle pas l'anglais comme le chancelier, il me pose différentes questions sur mon pays et surtout me demande, comme l'avait fait le chancelier peu de temps auparavant, quel était l'état de l'opinion en Amérique, au sujet de la guerre en cours.

A cette époque Guillaume Ier, roi de Prusse, était dans sa soixante-troisième année ; c'était un homme très grand, paraissant encore vert ; habillé de l'uniforme de la Garde, il paraissait l'idéal du soldat par sa belle tenue et ses manières franches, sans rudesse. La conversation fut brève, car ni l'un ni l'autre de nous ne parlait le même langage et l'entrevue se termina par l'engagement que me fit le roi de suivre son état-major, ce que j'acceptai avec reconnaissance. Après l'avoir remercié et salué, je rejoignis le comte de Bismarck; nos chevaux arrivent au même instant et nous nous dirigeons vers l'endroit choisi par le roi, pour suivre les péripéties du combat.

C'était un point élevé, dominant les villages de Rezonville et de Gravelotte, et situé au centre de l'endroit où avait eu lieu la bataille de Mars-la-Tour; de là nous pouvions apercevoir toute la plaine qui s'étend à l'ouest de Metz.

L'endroit était bien choisi, quoique fort désagréable à cause de la grande quantité de cadavres qui jonchaient le sol depuis la bataille qui avait eu lieu deux jours avant et qui n'avaient pu encore être enterrés. L'escorte du roi en enlève une partie au moyen de fusils placés sur les épaules en forme de brancard, et bientôt la place fut suffisante pour faire avancer nos chevaux.

Quelques obus non éclatés sont aussi enlevés;

alors le roi, son frère le prince Frédéric-Charles-Alexandre, le chef d'état-major général, comte de Moltke, le ministre de la guerre, général de Roon, et le comte de Bismarck se réunissent à l'endroit le plus élevé ; je me tiens à distance, mais bientôt on me fait signe d'avancer pour me présenter au comte de Moltke.

Il s'adresse à moi en anglais, qu'il parle parfaitement ; bientôt le comte de Bismarck nous ayant quittés pour aller voir son fils qui avait été blessé à Mars-la-Tour et qui lui causait de l'inquiétude, le comte de Moltke m'explique la position des différents corps que nous avons sous les yeux et m'indique les mouvements qu'ils vont opérer.

Devant nous et couvrant Metz s'étend l'armée française postée sur la crête d'un coteau, s'étendant au nord et dont le centre s'étend à l'ouest vers les forces allemandes. La gauche de l'armée française était à une petite distance de la Moselle et cette partie de l'armée française était séparée de l'armée allemande par un ravin, dont la pente couverte de bois était très rapide. Plus loin au nord, vers le centre des armées, cette dépression de terrain disparaît, se perd dans la forme même du terrain et constitue un glacis qui peut servir de point d'attaque pour les Français, mais qui est exposé à l'artillerie allemande; le front de bataille dans son entier peut avoir dix kilomètres (huit milles).

Pour attaquer cette position formidable sur tous les points, excepté peut-être à droite, les Allemands ont en ligne les forces combinées de la première et de la seconde armée, dont les troupes, dans les quinze jours précédents, ont déjà rencontré les Français, dans trois batailles successives.

Sur la droite est la première armée sous les ordres du général von Steinmetz, le vainqueur, le 6 août précédent, de Spickeren sur la Saar et huit jours après de Colombey, près Metz; le centre et la gauche sont composés de la seconde armée, commandée par le prince Frédéric-Charles de Prusse, dont une partie des troupes a été engagée dans la sanglante bataille de Mars-la-Tour, qui a coupé à Bazaine la route de Verdun et l'a forcé à s'enfermer dans Metz.

Le plan d'attaque des Allemands était simplement de menacer la droite, pendant que la seconde armée s'avancerait vers la gauche pour empêcher les Français de reculer vers Châlons, et alors de changer successivement de direction et essayer de tourner la droite de l'armée française.

Ce second mouvement était capital, mais fort difficile à exécuter et jusqu'à son complet achèvement qui eut lieu à la fin de l'après-midi la victoire demeurait incertaine, et des deux côtés le combat fut acharné et sanglant.

Il n'entre pas dans mon cadre de décrire la bataille de Gravelotte, ni aucune autre, du reste ; je me borne seulement à signaler les divers incidents dont j'ai été le témoin oculaire.

Vers midi, après quelques escarmouches préparatoires, l'action s'engage sur toute la ligne, que j'ai essayé d'expliquer tout à l'heure. Les Allemands font avancer leur aile gauche et gardent fermement les positions qu'ils occupent à droite, d'après ce que je puis en juger de la place que j'occupe au quartier général du roi. De là, nous pouvons voir, comme je l'ai déjà dit, le village de Gravelotte. au-devant duquel sont massées les troupes allemandes en partie cachées de place en place par des bouquets de bois.

Juste en face de nous cependant le terrain est libre; le jour étant clair et le soleil très brillant, nous pouvions parfaitement suivre les mouvements des belligérants, d'autant plus qu'une brise assez forte soufflait et enlevait la fumée produite par la détonation des fusils et des canons; le spectacle qui se déroulait sous nos yeux était magnifique et terrifiant.

L'artillerie allemande ouvre la bataille, et pendant que l'air est rempli du bruit des centaines de bouches à feu, le centre et la gauche de l'armée allemande s'avancent à l'attaque en bon ordre, pendant que les réserves, arrivant derrière à bonne distance, viennent occuper les positions qui viennent d'être abandonnées.

L'artillerie et les mitrailleuses françaises répondent vigoureusement aux canons Krupp, et font dans les rangs allemands de sanglantes trouées. Malgré cela, la gauche de l'armée allemande continue son mouvement en avant, et d'instant en instant des officiers d'ordonnance viennent nous apporter la nouvelle que tout marche à souhait suivant le plan arrêté. Ces rapports sont faits d'abord au roi, et ensuite nous entourions les officiers pour recevoir les nouvelles.

Le général de Moltke, développant une carte, nous explique son plan de bataille.

Cela fait, en attendant d'autres nouvelles, il se dirige vers un siège qui lui a été préparé avec des sacs, examine de nouveau la carte déployée, puis se promène fiévreusement, les mains derrière le dos, la face pâle et anxieuse; de temps en temps il pousse brusquement du bout de ses bottes une motte de terre ou un caillou qui se trouvent sur son passage. J'examine curieusement cet homme à peine âgé de soixante ans, mais dont la face émaciée, les traits durs, les rides profondes, les sourcils proéminents, le font paraître plus âgé et lui donnent plutôt l'aspect d'un ascète rompu aux pratiques religieuses que d'un soldat rompu à sa profession.

Vers le milieu de l'après-midi, le progrès lent et continu de l'aile gauche et du centre de l'armée allemande avait forcé les Français de quitter leurs positions avancées retranchées derrière des murs de pierres et de terre, et à se retirer à travers des vallons et des hameaux dans la direction de Metz ; à ce moment, la droite de l'armée allemande avait fait peu de progrès, excepté la prise de possession du village de Gravelotte, en forçant les Français à battre en retraite au delà du ravin qui court du nord au sud à peu de distance de la ville. Le moment était venu pour la droite de l'armée allemande de gagner les hauteurs de Rozerieulles que les Français s'apprêtaient à défendre avec opiniâtreté pour couvrir leur retraite vers Metz.

Aussitôt l'attaque commencée, le feu de l'artillerie et de l'infanterie françaises devient meurtrier, à tel point que le général von Steinmetz ordonne à la cavalerie de charger. Traversant le ravin au galop, la cavalerie tente en vain d'atteindre la crête opposée. Les Français postés sur une grande route derrière des murs de pierres et des maisons, font des décharges incessantes et terribles. Aussitôt que la cavalerie approche de ces ouvrages de défense, elle est reçue par un feu nourri auquel elle ne peut riposter. Ici, le combat devient sanglant et meurtrier; la cavalerie, qui ne peut ni avancer ni reculer, est mitraillée d'une

façon épouvantable, l'amoncellement des cadavres des hommes et des chevaux rend toute
retraite impossible. C'est un véritable désastre.

A ce moment, le succès de la bataille est
tellement incertain, que le roi résolut de trans-
porter son quartier général en arrière, vers le
village de Gravelotte, et l'indignation mani-
festée contre Steinmetz pour le sacrifice inutile
qu'il avait fait de sa cavalerie était si grand,
que je pense qu'on va lui retirer son commandement. Cependant il n'en fut rien.

Suivi d'un nombreux état-major, il rentre
dans le village et s'avance vers le roi qu'il
salue profondément.

A ce moment, je vois que c'est un homme
très âgé, quoique sa figure bronzée, ses traits
énergiques, ses cheveux blancs coupés court,
lui donnent encore l'apparence d'une grande
vigueur.

Je n'étais pas assez proche pour entendre
ce que le roi lui dit ; la conversation fut très
animée, et cependant quelques moments après,
le vieux général retourna à son commandement. Je pense qu'il est pardonné, du moins
pour l'instant.

Le quartier général est transporté au dehors du village, sur une hauteur où nous arrivons à temps pour voir l'infanterie allemande de l'aile droite recommencer sa marche en avant vers le ravin fatal. La marche en avant, quoique lente et irrégulière, ne s'arrêtait pas, les Français résistaient vigoureusement par un feu de mousqueterie bien nourri. Leur artillerie cependant était silencieuse, et de ce fait les officiers d'artillerie qui nous entourent concluent que les Krupps ont eu raison des batteries françaises et des mitrailleuses. Je ne pense pas de même cependant, car avec l'excellente longue-vue que je possède, je puis voir d'épaisses colonnes françaises qui s'avancent avec l'intention évidente d'attaquer en flanc, et je conclus qu'avant peu l'artillerie française se fera entendre de nouveau.

Je ne m'étais pas trompé, les Allemands avancent avec peine, s'aidant de leurs mains et de leurs genoux pour gravir la pente; arrivés à une courte distance des lignes françaises, celles-ci s'ouvrent tout à coup et les deux cents pièces de canon et mitrailleuses que l'on pensait réduites au silence vomissent un torrent de fer et de feu sur les assaillants. Cette résistance inattendue déroute les Allemands, et après un moment d'hésitation, ils s'enfuient en désordre.

Infanterie, cavalerie, artillerie, tout est mélangé dans un désordre indescriptible, les Français s'avancent vivement en continuant leur feu intense, les chassepots font merveille, la chasse continue jusqu'aux premières maisons de Gravelotte ; la droite de l'armée allemande était battue et le succès de la journée paraissait de plus en plus incertain. Mais à ce moment décisif, le corps des Poméraniens, sous le commandement direct de de Moltke, entre en ligne, et par une action vigoureuse en avant, décide du sort de la journée en faveur des Allemands.

Quand les Français avaient ouvert le feu, on s'aperçut que les projectiles pouvaient arriver jusqu'au quartier général ; la position était dangereuse ; aussi il fut résolu à la hâte d'abandonner la place.

Le roi quitte le terrain le dernier, et avec regret on se dirige vers Rezonville.

Bismarck reste encore quelque temps à Gravelotte pour s'occuper d'un officier de l'escorte qui est blessé.

Bientôt, en traversant la route de Châlons, nous rencontrons un parti de fuyards ; le roi les interpelle vivement et leur reproche leur lâcheté, autant que je puis en juger par le peu d'allemand que je sais ; à mesure que nous rencontrons de nouveaux groupes, il recommence ses exhortations.

Nous traversons Rezonville et nous arrêtons en dehors du village ; un feu est allumé et le roi, son frère le prince Frédéric-Charles, et le ministre de la guerre von Roon, prennent place autour dans une position peu confortable. Nous attendons avec anxiété les nouvelles du champ de bataille, et bientôt nous apprenons que les Français commencent à battre en retraite devant le corps d'armée des Poméraniens, leur droite ayant été battue auparavant ; nous ne doutons pas que la victoire soit complète ; en effet, nous ne tardons pas à apprendre que le champ de bataille est resté en possession des Allemands et que Bazaine est en pleine retraite vers Metz.

Pendant l'excitation de la journée, nous

n'avions pas songé au besoin de boire et de manger ; maintenant que la fièvre était tombée, je sentais que je n'avais rien pris depuis le matin.

Tous ceux qui m'entourent sont dans le même cas, les soldats sont de même sans doute, ils n'ont pas mangé, et tous les puits des environs sont taris par la grande séche-resse. Heureusement, nous apercevons sur la route un petit corps de soldats conduisant une charrette sur laquelle est un tonneau de vin.

Un officier d'état-major s'avance, s'empare de la barrique et la distribution commence. Jamais liquide ne me fit plus de plaisir ; quoi-que en réalité ce fut un petit vin sûr, produit du pays, il nous fit à tous grand plaisir. Après que nous avons tous bu à la ronde, le frère du roi, prince Frédéric-Charles, me fait un signe et me tirant à part, il sort de la poche de sa tunique un énorme morceau de pain et m'en offre la moitié.

Tout en mangeant avec avidité, il me parle de son fils, le général prince Frédéric-Charles, plus connu sous le nom de Prince Rouge qui avait commandé la seconde armée dans la ba-taille du jour ; il ne tarit pas d'éloges sur les qualités militaires de son fils, éloges mérités du reste, car dans la campagne de 1866 contre l'Autriche, aussi bien que dans celle en cours, il a fait preuve des plus grands talents.

Le quartier général, en ce moment, présente une grande animation ; des dépêches annonçant la victoire, sont envoyées dans toutes les directions.

La première est transmise par le roi à la reine Augusta, d'autres suivent avec un caractère plus officiel. Pendant ce temps je songe à me rendre au village pour trouver, si possible, un peu d'eau pour mon cheval. Juste au moment où j'arrive dans la rue principale, je suis arrêté par une troupe de soldats qui me prennent, à cause de mon costume et de ma coiffure, pour un officier français. Ils sont très excités, leurs gestes sont menaçants et je pense que ma dernière heure est venue, car si je ne puis leur parler allemand, eux ne comprennent aucun mot d'anglais, et précisément dans mon embarras j'essaie de me faire comprendre en français ! Heureusement dans cet instant critique, j'entremêle ma défense de quelques mots d'allemand que j'ai retenus, et je parviens à temporiser. L'un d'eux s'approche de moi et soulève mon képi et l'examinant avec attention il remarque les trois étoiles qui l'ornent au-dessus de la visière, il en conclut de plus que je suis Français. Leur fureur paraît s'augmenter, ils s'avancent tous menaçants, je pense que décidément je ne puis échapper à leurs coups, quand heureusement arrive au galop un officier d'ordonnance en mission qui m'a vu au quartier général et explique à ces forcenés que je suis Américain ; ils deviennent aussi plats qu'ils étaient menaçants tout à l'heure et m'assurent que je puis aller en sécurité. Cependant je juge plus prudent d'accompagner mon sauveur. Je raconte mon aventure au quartier général, et après un moment d'hilarité générale, le roi me fait donner un permis de circulation signé de lui qui m'évitera ces ennuis et ces dangers à l'avenir, et me permettra de circuler partout sans gêne, faveur spéciale très rarement accordée dans l'armée allemande.

Pendant mon absence momentanée, il avait été décidé que le quartier général du roi serait établi pour la nuit à Rezonville, et comme il est difficile à cette heure de choisir les loge-

ments, le comte de Bismarck et moi, nous nous
mettons en quête d'un gîte pour la nuit. Ce
n'est pas chose facile, les maisons sont encombrées de soldats, je me souviens de ma visite
de l'après-midi pour chercher de l'eau pour
mon cheval dans une sorte de petite ferme où
je me suis rendu, j'ai vu du foin, nous nous
dirigeons de ce côté, la ferme est remplie de
blessés, nous devons chercher ailleurs, il en
est de même dans presque toutes les maisons;
hélas! enfin, nous en découvrons une dont
l'étage supérieur est libre. Nous montons un
escalier de bois à demi démoli et nous trouvons
une chambre assez spacieuse garnie de trois lits;
l'un d'eux est choisi par le duc de Mecklen-
bourg et son ordonnance, le deuxième pour
Bismarck-Bohlen et moi, le troisième pour le
comte seul. Chaque lit, comme il est d'habi-
tude dans l'est de la France et en Allemagne,
est couvert d'un édredon de plumes très épais,
mais la nuit étant chaude, cet ornement devient
inutile, nous les jetons sur le plancher, je
m'aperçois que cela me ferait un lit convenable,
je m'y couche, laissant la disposition de l'autre
à mon compagnon qui s'en montre charmé.

Au petit jour je m'éveille, le comte de Bismarck est déjà debout et habillé, je fais de même, ce qui ne demande guère de temps, l'eau et les plus simples objets de toilette faisant absolument défaut. Aussitôt descendu, je rencontre le comte qui vient d'acheter deux œufs à la propriétaire de la maison; il me les confie et ajoute qu'il va s'enquérir d'un peu de café et de pain dans l'entourage du roi, il ne tarde pas à revenir avec une petite provision ; c'était peu pour calmer la faim de deux gaillards comme nous; aussi nous nous mettons en quête de plus amples provisions.

Heureusement, je rencontre un cantinier à peu de distance, et je puis acheter deux énormes saucissons de Bologne et du pain. Je retourne en hâte à la maison et rencontre mon compagnon moins heureux sous le rapport du solide, mais muni de deux bouteilles de cognac : notre déjeuner était désormais assuré. Le repas terminé, Bismarck me propose de l'accompagner à cheval sur le champ de bataille de la veille, j'accepte à la hâte, désireux de voir si les canons Krupp ont fait les merveilles dont se flattaient la veille les officiers d'artillerie. Nous quittons Rezonville, traversons Gravelotte et arrivons au ravin fameux qui a causé tant de pertes à la cavalerie et à l'infanterie allemandes. Le champ portait des traces profondes de la terrible bataille de la veille; ce ne sont de tous côtés que monceaux de cadavres d'hommes et de chevaux, que blessés non enlevés dont les plaintes sont horribles.

Sur la grande route le spectacle est encore plus terrifiant, les cadavres sont amoncelés par centaines devant le mur de pierres qu'ils n'ont pu franchir, le spectacle est affreux, même pour des hommes comme nous habitués aux horreurs de la guerre ; aussi, nous nous hâtons de porter nos pas ailleurs. En avançant sur le glacis, vers les lignes françaises, le sol est jonché de casques à pointes abandonnés par les soldats, quoiqu'il leur soit formellement interdit de les quitter durant l'action.

Nous avançons dans la ligne de défense, abandonnée par les Français, et je suis fort étonné de voir le peu de dégâts causés par l'artillerie allemande: car bien que je ne partage pas l'opinion extrêmement favorable des artilleurs allemands au sujet de leurs pièces, je pensais que le feu avait été assez nourri pour avoir plus d'efficacité que ce que j'avais sous les yeux.

Tout ce que je puis voir, c'est un canon démonté, une mitrailleuse brisée et deux caissons à moitié démolis, nulle autre trace de bombardement ni même d'occupation, ce qui démontrait que les Français avaient eu le temps d'évacuer leurs retranchements et que cette partie n'avait pas faibli ; leur défaite provenait uniquement de la faiblesse de leur aile droite.

La cavalerie allemande s'étant avancée vers Metz, nous nous dirigeons de ce côté, espérant pouvoir, d'une hauteur, jeter un coup d'œil sur la fameuse place forte. Nous arrivons sur une hauteur que nous pensons convenable à cet effet et que nous croyons hors d'atteinte de la portée des balles françaises. Nous ne tardons pas à nous apercevoir de notre erreur. A peine arrivés au sommet, que des patrouilles françaises qui se trouvent à six cents mètres environ en avant, nous envoient des projectiles que nous entendons siffler à nos oreilles ; aussi nous tournons bride en grande hâte.

Voyant ce qui venait d'arriver, plusieurs

pelotons de uhlans s'avancent dans la plaine
en avant pour refouler les avant-postes français,
et nous permettre de faire nos observations en
sécurité ; malheureusement la contrée est tellement coupée de collines en tous sens que nous
ne pouvons apercevoir la ville.

Nous retournons à Gravelotte et visitons la
partie du champ de bataille qui se trouve au
nord du village ; par un hasard étrange nous
trouvons dans un endroit écarté une vingtaine
de soldats prussiens gravement blessés qui
avaient échappé aux recherches des ambulan-
ciers et qui faisaient peine à voir ; il y avait au
milieu d'eux un capitaine d'artillerie blessé à
l'épaule. Quoique paraissant souffrir beaucoup,
il avait conservé tout son sang-froid, et manifes-
tait un ferme espoir d'être bientôt guéri ; il nous
fit remarquer un soldat blessé à côté de lui,
dont la mort paraît prochaine.

Immédiatement nous envoyons un des soldats
qui nous suivaient, à la recherche d'un chirur-
gien. En attendant, nous faisons des efforts pour
calmer les maux de ces malheureux en leur pro-
curant un peu d'eau mêlée d'eau-de-vie, dont
nous avions gardé un peu de notre déjeuner du

matin. Quand les secours sont arrivés, nous retournons en hâte à Gravelotte prendre la voiture de Bismarck qui nous attendait là et devait nous conduire à Pont-à-Mousson où le quartier général du roi avait été transporté.

Notre chemin était de traverser le village de Gorze ; mais là, les rues étaient tellement encombrées de voitures de toutes sortes qu'il nous est impossible de faire un pas. Je pense que nous allons passer là une partie de l'après-midi, car les conducteurs ne font aucune attention aux appels et aux cris de nos postillons. Tout à coup Bismarck impatienté, et ne voyant aucune issue pour sortir de cette fâcheuse position, saisit un pistolet placé derrière nos coussins et saute en dehors de la voiture. Il s'avance devant nos chevaux et somme les voituriers de nous faire place en les menaçant de son pistolet ; ce moyen énergique réussit et nous ne tardons pas à être débloqués ; en reprenant place à mon côté, il me dit : « Ce n'est pas là une très belle besogne pour le chancelier de la Confédération germanique, mais c'était le seul moyen de nous sortir d'embarras. »

A Pont-à-Mousson, je suis rejoint par mon

aide de camp général Forsyth, et pendant deux jours nous nous occupons de trouver un moyen de transport. Ce n'est pas chose facile, mais je suis bien résolu à ne pas embarrasser Bismarck plus longtemps, ce qui peut le gêner.

Enfin, après de nombreuses recherches et grâce à l'obligeance de Bismarck-Bohlen, nous parvenons à trouver chacun un cheval de selle et une voiture à deux chevaux. Dans cette ville aussi pendant la soirée du 21 août, j'ai l'honneur d'être admis à la table du roi.

Le dîner est simple : d'abord un potage, ensuite une épaule de mouton et deux plats de légumes, vin ordinaire et Bourgogne.

Il y avait là un grand nombre de personnes de haut rang; personne ne parlait anglais, sauf le comte de Bismarck qui était assis auprès du roi et lui servait d'interprète, quand celui-ci désirait m'adresser la parole.

Il fut peu question de la guerre présente, mais le roi me fit faire un grand nombre de questions au sujet de la guerre de Sécession, surtout de la campagne de Grant à Wicksburg, et nous remarquons ensemble que plusieurs des mouvements exécutés les jours précédents paraissaient avoir été copiés sur ceux de cette dernière campagne.

L'armée française, sous les ordres de Bazaine, s'étant réfugiée dans la ville fortifiée de Metz, le siège en fut commencé immédiatement par le prince Frédéric-Charles. En même temps la troisième armée, sous les ordres du prince héritier de Prusse — laquelle, après avoir gagné la bataille de Wörth, avait tenu en respect l'armée du maréchal Mac-Mahon, pendant et après la bataille de Gravelotte — prenait le chemin de Paris par Nancy. Cette troisième armée marchait d'accord avec la quatrième armée formée des troupes auparavant engagées sous les murs de Metz et prenait la même direction, mais par la voie de Bar-le-Duc et sous le commandement du prince de Saxe. En conséquence de ces mouvements, le roi résolut de porter son quartier général à Commercy.

Nous nous rendons dans cette ville en voiture par une route magnifique bordée de peupliers et semée çà et là de jolis villages du plus plaisant aspect.

En arrivant à Commercy nous trouvons Forsyth et moi que des chambres nous ont été retenues et nos noms écrits sur une porte avec de la craie.

Nous sommes logés chez le notaire de la ville qui se montre enchanté de n'avoir pas de Prussiens à héberger et nous comble de prévenances. Le lendemain nous lui offrons une somme à peu près celle que nous aurait coûté un hôtel de premier ordre pour qu'il en dispose en faveur des pauvres et des blessés. A cette seule condition le notaire accepte notre offre et nous décidons d'agir de même partout où nous serons logés.

Le jour suivant nous prenons l'avance pour nous rendre à **Bar-le-Duc** où nous arrivons vers midi après avoir dépassé tout le corps bavarois commandé par le prince héritier.

Ces Bavarois sont de petits soldats habillés en bleu, ils paraissent en bonne santé et vigoureux mais de moins forte stature que les soldats que j'ai remarqués dans l'armée du prince Frédéric-Charles et du général von Steinmetz, tous Allemands du Nord. Le soir quand le Roi arrive une garde de police est ajoutée et prise parmi les gendarmes bavarois; on ne manque jamais de leur faire cet honneur, car on connaît leurs sentiments de défiance vis-à-vis leurs compatriotes du Nord.

A cette époque Bar-le-Duc avait environ quinze mille habitants, c'est une des plus jolies villes que j'ai vues en France, ses maisons d'aspect ancien, ses magnifiques boulevards charment les yeux et excitent l'intérêt. Le roi était logé sur un joli boulevard dans les locaux de la succursale de la Banque de France. Du balcon on pouvait voir le passage des troupes de l'armée du Kronprinz qui se dirigeaient vers Vitry, c'était la première fois que le Roi avait l'occasion de voir ces troupes puisque, jusque là il avait accompagné ou l'armée du Prince Frédéric-Charles ou bien celle de Steinmetz et les vivats que nous entendions montraient l'enthousiasme de ces soldats pour leur souverain. Pendant le défilé le Comte de Bismark a la bonté de me donner des renseignements sur chacun des régiments qui passent et sur les officiers généraux qui les commandent. Quand le défilé est terminé, nous nous rendons au logement du Comte et là pour la première fois de ma vie je goûte du kirchwasser, liqueur très forte obtenue par la distillation des cerises sauvages. Sur la recommandation de Bismarck qui me donne cette liqueur comme excellente, je m'en laisse verser un grand verre que je bois sans défiance; aussitôt je suis pris d'un si violent accès de toux que je pense étouffer, ce qui fait beaucoup rire ceux qui m'entourent ; ils m'expliquent que j'ai bu trop vivement et joignant l'exemple à la parole, ils en absorbent eux-mêmes de bonnes quantités avec une visible satisfaction. Quel gosier que ces Germains !

Je passe la nuit dans une maison confortable, mon hôte s'appelle Lager, un nom de consonnance germanique, mais il se défend beaucoup d'appartenir à cette nation et proteste de ses sentiments de bon Français. Au point du jour, le 26 août, nous sommes avertis de nous tenir prêts pour sept heures, pour nous diriger vers Châlons, mais bientôt nous recevons contre-ordre, le départ ne doit avoir lieu qu'à deux heures de l'après-midi.

Dans l'intervalle le comte de Moltke arrive et reste longtemps en conférence avec le Roi. Le résultat de cet entretien est que l'armée du Kronprinz change de direction et s'avance par le nord pour entourer Sedan. Je ne m'explique pas tout d'abord ce brusque changement de direction; mais bientôt nous apprenons que l'armée du maréchal de Mac-Mahon ayant opéré sa jonction avec l'armée battue à Wœrth et renforcée de trois nouveaux corps d'armée venus de Châlons, marchait pour faire lever le siège de Metz, d'après les ordres venus du ministre de la guerre à Paris. C'était une faute grave qui devait aboutir à un épouvantable désastre. Nous voyageons très rapidement ce jour-là jusqu'à Clermont où nous arrivons très tard le soir sans que rien ne soit préparé ni pour nous ni pour le roi et sa suite, le quartier général ayant pris la route de Châlons avant le changement des ordres.

Heureusement, j'ai la bonne fortune de découvrir un pharmacien qui a longtemps habité les Etats-Unis, qui parle parfaitement l'anglais et qui nous reçoit avec la plus grande cordialité, s'estimant très heureux d'échapper pour cette fois au contact des Prussiens. Les autres furent moins heureux, Bismarck surtout était logé dans une maison misérable et malpropre où je le trouve le soir enveloppé dans une affreuse robe de chambre et fort occupé à travailler, ayant pour

tout mobilier une table sur laquelle il écrivait,
deux chaises boiteuses et un lit par terre, mais
recouvert de l'inévitable édredon de plumes. Je
lui fais remarquer le peu de confortable de son
installation, mais il me déclare que cela lui
suffit amplement; une seule chose le contrarie,
c'est qu'il est obligé de recevoir sans cesse le
salut des soldats préposés à sa garde, chaque
fois qu'il sort dans la cour, ce qui lui arrive
très souvent en ce moment, étant atteint d'un
commencement de dyssenterie !

Malgré ce malaise, et malgré la grande occupation que lui donne la correspondance, le
Chancelier veut bien m'expliquer gracieuse-
ment ce qui a occasionné le changement sou-
dain de direction que l'on a donné à l'armée.

C'est que comme il a été dit plus haut, des
informations sont arrivées au quartier général
annonçant que le maréchal de Mac-Mahon à
l'effet de faire lever le siège de Metz s'avançait
vers le nord, le long de la frontière belge, une
« grosse erreur » comme il qualifiait ce mouvement en me l'expliquant avec animation, qui
était due à l'état de désarroi dans lequel se
trouvait la France ; ces ordres, du reste, étaient

venus de Paris, du Ministre de la guerre,
lequel n'était pas présent sur le lieu des opérations! Cette façon de conduire et de diriger des
opérations aussi considérables est vraiment
inouïe! Pendant toute la nuit les troupes défilent
sous nos fenêtres et le lendemain matin à la
pointe du jour, les rues sont encore encombrées
de soldats qui paraissent exténués, car la pluie
est survenue et rend les chemins fort difficiles.

Malgré cela la marche en avant est poussée
avec la plus grande vigueur afin de couper aux
troupes de Mac-Mahon la route de Metz et les
amener au combat pour expier cette faute gros-
sière de stratégie, laquelle du reste, comme il
a été absolument prouvé ne peut lui être im-
putée, mais provient des ordres formels qu'il
avait reçus! Du côté de l'état-major prussien,
on était absolument certain d'arrêter la marche
en avant et d'empêcher qu'il n'arrivât au secours
de Metz, les événements l'ont pleinement prouvé.

Vers huit heures du matin, la pluie ayant
cessé le quartier royal est transporté à Grand-
Pré où nous arrivons dans le courant de l'après-
midi. Ce même soir j'ai de nouveau l'honneur
d'être invité à la table royale.

La conversation à table roule sur le mouvement qui vient d'avoir lieu, la faute en est
pleinement donnée à l'Empereur Napoléon.
Dans la soirée la position de l'armée française
n'était pas encore bien connue ; mais dès le lendemain matin nous apprenons qu'une bataille est
imminente. Nous allons en voiture jusqu'au
village de Buzancy et là nous trouvons nos
chevaux sellés pour nous rendre sur le front
des troupes.

Les Français sont postés près de Buzancy,
dans une forte position ; leur droite s'appuyant
sur Stonne et la gauche s'étendant dans les
bois au-dessus de Beaumont.

Vers dix heures l'armée du prince de Saxe,
attaque vigoureusement l'aile droite des Français qu'il met promptement en déroute, pendant
ce temps le centre et l'aile droite des Allemands
attaque vivement le corps du général de Failly
qu'il surprend au moment où les soldats français sont occupés à préparer leur déjeuner. Les
Français s'enfuient précipitamment en abandon-
nant leurs tentes et autres objets de campement.

En inspectant le terrain si vivement aban-
donné je remarque de tous côtés que les plus

simples précautions n'ont pas été prises pour éviter cette surprise. Les chevaux d'artillerie n'étaient même pas harnachés et beaucoup ont été tués ou pris au piquet où ils avaient été attachés la veille, et beaucoup d'hommes tués munis encore des vivres qu'ils se préparaient à manger, mais complètement désarmés!!!

Plus de trois mille prisonniers et jusque toute l'artillerie et les mitrailleuses de la division sont capturés et les fugitifs sont poursuivis jusqu'à ce qu'ils trouvent un refuge derrière le corps d'armée du général Douai et le reste du corps de Failly au-dessus du village de Beaumont.

La même après-midi plusieurs engagements sérieux ont lieu le long de la Meuse, mais je ne puis être témoin d'aucun d'eux et le soir je retourne à Buzancy où le quartier royal a été transporté. Le matin du 31 août le Roi se rend à Vendresse, nous envoyons nos bagages par voiture jusqu'au village de Grand-Pré et nous nous rendons à cheval sur le champ de bataille, Forsyth et moi, ainsi qu'un noble lord anglais, qui accompagne le duc de Manchester.

La partie que nous traversons est encore couverte de morts des deux armées, mais les blessés ont été transportés dans de nombreuses ambulances. Arrivés à Beaumont nous nous arrêtons pour examiner un corps de prisonniers français dont les vêtements en désordre et l'air de fatigue répandu sur les visages marque les souffrances d'une longue marche.

Le roi arrive à Beaumont peu après et nous nous rendons tous à Chemery, où nous nous arrêtons pour examiner les troupes du Kronprinz qui viennent de la direction de Stonne.

Ceci nous cause un grand retard mais nous permet de juger le soldat allemand en marche et je ne le regrette pas. Ils s'avancent en colonnes ouvertes et régulières de quatre, les intervalles entre les files sont ménagés de façon à laisser un espace suffisant afin que les hommes puissent marcher. Ce système a du reste depuis été, avec facilité, adopté pour l'armée française.

Ils paraissent en bonne santé et très légèrement équipés; ils portent le fusil à aiguille, les munitions, un sac très léger, un bidon et un havre-sac; leur marche est légère. ils peuvent faire environ quatre kilomètres à l'heure.

Dès le 31 au soir, il devient certain que

l'armée française démoralisée s'est réfugiée à
Sedan et l'armée allemande commence son
mouvement tournant de façon à couvrir tout
l'espace compris entre Donchery, Raucourt et
Carignan. Le lendemain matin cette ligne est
encore resserrée vers Sedan; et le prince de
Saxe reçoit l'ordre de prendre position au nord
de Bazeilles sur la rive droite de la Meuse
pendant que le Prince de Prusse s'avance vers
Remilly, se dirigeant vers Bazeilles, comme
point central et afin de déloger les Français
d'un certain nombre de petits hameaux qu'ils
occupent encore entre ce point et Donchery.

A cette dernière place un fort corps de réserve
est placé, le cinquième et le onzième corps
accompagnés d'une division de cavalerie sont
dirigés vers Saint-Menges.

Le 1er septembre au matin, Forsyth et moi
nous levons de bonne heure, le brouillard nous
enveloppe, mais le soleil ne tarde pas à le dis-
siper. Nous nous rendons en voiture jusqu'à
Cheveuges, où nous trouvons nos chevaux et
nous nous dirigeons vers le nord-est dans la
direction des hauteurs de Frénois et Wadelin-
court, d'où nous découvrons le cours de la

Meuse et la ville de Sedan dont les fortifications quoique formidables sont bien moins importantes que celles de Metz. Le Roi et son état-major sont déjà établis sur ces hauteurs à un point si bien choisi que Sa Majesté peut également observer les mouvements des deux armées.

La bataille commence au sud-est et au nord-ouest de Sedan vers quatre heures et demie du matin. Après un semblant d'attaque de la part de la droite de l'armée allemande, les Bavarois attaquent Bazeilles.

Ce village situé à environ trois kilomètres de Sedan est d'une grande importance stratégique. Aussi les Français le défendent avec vigueur. Ils ne cèdent que pied à pied, défendant chaque rue et chaque maison jusque vers dix heures du matin, à ce moment le village n'est plus qu'un monceau de ruines, qu'ils sont obligés d'abandonner.

La possession de ce village donne aux Allemands un avantage considérable, en leur constituant une ligne continue depuis la Meuse au nord en passant à travers les villages de la Moncelle et Daigny, jusqu'à Givonne, tout le long de la frontière belge.

Pendant que le centre et la droite de l'armée allemande sont ainsi engagés, la gauche s'est avancée en mouvement tournant, comme cela avait été prévu. Pour cela une partie des troupes avait passé la rivière au milieu de la nuit et à partir de six heures du matin le front des colonnes s'apercevait déjà dans la direction de Floing. Ces troupes sous la direction du prince royal de Prusse n'avaient rencontré aucune résistance dans leur marche; aussi elles s'avancent rapidement vers l'est pour se joindre à l'armée déjà en position sur la Meuse; la jonction a lieu au village d'Illy sans aucune difficulté : à partir de ce moment l'armée française est complètement cernée.

Après une vigoureuse attaque du prince royal, les Français sont délogés de Floing, et comme ce village n'est séparé de Sedan que par une immense plaine, nous pouvons parfaitement voir les derniers combats qui vont précéder la reddition de la ville. A ce moment les Allemands se déploient en tirailleurs dans la petite vallée au fond de laquelle Floing est située. Quand cette avant-garde paraît les Français se retirent dans leurs retranchements, mais un corps de cavalerie important s'avance au galop et refoule promptement les Allemands. Malheureusement les cavaliers emportés par leur ardeur s'avancent trop près des lignes ennemies et sont reçues par une fusillade nourrie qui cause des pertes nombreuses. Cependant les Français ne perdent pas courage, ils se reforment vivement et essaient à quatre reprises différentes de rompre les rangs de l'infanterie ennemie, mais sans succès.

Les Allemands sont renforcés sans cesse par de nouvelles troupes arrivant de la direction de Floing, aussi le corps de cavalerie est forcé de battre en retraite dans les retranchements où se trouve déjà l'infanterie qui aurait dû suivant mon jugement participer à l'attaque précédente et aurait augmenté les chances de succès. Cette action fut la plus importante de la journée, les rangs des assiégeants se resserraient sans cesse, le canon grondait et couvrait Sedan de projectiles, mais à part quelques décharges de mousqueterie les soldats ne viennent pas en contact.

Vers trois heures, les Français sont dans une situation désespérée, le Roi ordonne de cesser le feu et envoie un de ses officiers d'état-major le colonel Bronsart, pour demander la reddition de la place.

Juste à cet instant, je fais remarquer au Prince de Bismarck que Napoléon pourrait bien être dans la place.

Mais le Comte incrédule me répond : « Oh! non, le vieux renard est trop fin pour se laisser prendre à ce piège, il doit être reparti pour Paris ». Cette croyance était généralement partagée par tout l'état-major.

En attendant la réponse qui devait être faite à l'envoyé, on se mit à manger en plein air, tous un peu pêle-mêle. On avait pu réunir pour la table du Roi un menu assez substantiel : pain blanc, côtelettes de mouton, pois, etc., le tout arrosé d'un excellent petit vin blanc de la localité. Parmi les convives se trouvaient placés un peu au hasard, le Prince Frédéric-Charles, Bismarck, de Moltke. de Roon, le Duc de Weimar, le Duc de Cobourg, le Grand-Duc de Mecklembourg, le Comte Hatzfeld, colonel Walker, de l'armée anglaise, le général Forsyth et moi. Le Roi fut très gai et très gracieux, le succès de cette journée en effet, était des plus importants de toute la campagne.

Entre quatre et cinq heures du soir, le colonel Bronsart revient de sa mission et apporte la réponse du général français de Wimpffen qui commande à Sedan, le général demande afin d'éviter une plus grande effusion de sang quels seront les termes de la capitulation. Le colonel apporte de plus la nouvelle que l'Empereur est enfermé dans la ville.

Bientôt après un officier français s'approche porteur d'un drapeau blanc et précédé de deux officiers prussiens. A cent pas environ de notre groupe ils s'arrêtent, l'un des officiers prussiens s'avance au trot et nous informe que le messager est le propre adjudant de l'Empereur Napoléon porteur d'une lettre autographe de son souverain pour le Roi de Prusse.

A cette nouvelle le Roi s'avance suivi de Bismarck, de Molke et de Roon qui restent cependant quelques pas en arrière. L'envoyé français s'avance d'abord à cheval puis à cent pas du groupe met pied à terre, se découvre et s'avance vers le Roi en lui tendant la dépêche dont il est porteur. Nous apprenons que c'est le général baron Reille, le Roi lui rend son salut avec cérémonie.

La lettre de Napoléon devenue depuis fameuse est ainsi composée : « N'ayant pas été capable de mourir au milieu de mes soldats, il ne me reste plus qu'à remettre mon épée dans les mains de Votre Majesté ».

La lecture terminée, le Roi retourne au milieu du groupe de ses conseillers et après une courte conférence avec Bismarck, de Moltke et Roon, il dicte une réponse acceptant la capitulation de Napoléon et lui demandant de désigner un officier pour traiter des conditions, nommant lui-même de Moltke pour représenter les Allemands.

Après cela, le Roi et son état-major retournent à Vendresse pour y passer la nuit.

Il était maintenant sept heures du soir et par conséquent trop tard pour poursuivre ce jour les négociations, et nous décidons d'aller coucher à Donchery. En chemin nous rencontrons le neveu de Bismarck qui nous déclare qu'il nous sera impossible de nous loger dans ce village, toutes les maisons étant occupées par les blessés ; nous décidons de pousser jusqu'à Cheveuges. Heureusement le neveu a dans ses bagages deux bouteilles d'eau-de-vie, il en offre une à son oncle en disant : « Vous avez eu aujourd'hui une rude journée, vous avez sans doute besoin de réconfortant. Sans répondre une parole, le Chancelier saisit la bouteille, la porte à ses lèvres en disant : « A l'unification de l'Allemagne », et il boit à longs traits, si bien que lorsqu'il remet la bouteille à son neveu, celui-ci s'écrie : « Nous ne pouvons pas porter la même santé, il n'y a plus rien dans la bouteille ! »

Alors Bismarck s'excuse en disant: « Je vous demande pardon, il fait si sombre que je ne me suis pas aperçu de cela.

Il en restait un peu cependant. Je pus en goûter.

A Cheveuges, Forsyth et moi logeons chez le curé, nous avions ordonné à notre cocher de nous attendre dans ce village mais il ne vint pas et le lendemain matin 2 septembre comme il n'a pas encore paru, nous pensons que notre voiture a été réquisitionnée pour le transport des blessés, nous nous dirigeons à pied sur la route de Sedan. Près de la porte de la ville, nous trouvons les avant-postes prussiens et l'officier qui commande ayant servi dans la guerre de Sécession, reconnait nos uniformes et nous adresse la parole en bon anglais.

Nous entrons en conversation avec lui et au même instant par une porte de la ville nous voyons sortir un landau attelé de deux chevaux et contenant deux hommes, l'un d'eux portait un uniforme de général et fumait une cigarette. Quand la voiture est plus près de nous, nous reconnaissons l'Empereur Louis Napoléon.

Le landau s'avance au pas vers Donchery, nous pensons qu'il va se passer là quelque chose d'important, aussi nous suivons la voiture à distance convenable.

A un kilomètre de Donchery se trouve un hameau composé de quelques maisons groupées sur le bord de la route. A la première de ces maisons le landau s'arrête. Personne ne bouge dans la voiture, il est certain que l'on attend quelqu'un. Napoléon et son compagnon fument des cigarettes sans parler et supportent sans paraître les voir les regards curieux des soldats prussiens qui passent sur la route.

Bientôt nous entendons les fers d'un cheval frappant sur la chaussée, nous levons les yeux et nous apercevons Bismarck qui s'avance au petit galop de chasse. Arrivé à quelque distance, il met pied à terre, s'avance vers la voiture, salue l'Empereur en portant la main au casque avec inclinaison du corps en avant à la façon allemande, puis sans dire une parole tourne les talons, ce qui a l'air de causer à Napoléon un grand étonnement. La voiture se met en mouvement et au bout de quelques pas s'arrête devant la maison d'un tisserand.

Cette petite maison, désormais célèbre, est placée du côté est de la route de Donchery, près de sa jonction avec celle de Frénois et à quelque distance de la route, de sorte qu'il y a devant un petit jardinet. Sur la route, elle est close par un mur en pierres couvert de vignes sauvages.

L'Empereur des Français met pied à terre devant la porte de cette maison et suivi de Bismarck traverse le petit jardinet et rentre dans la maison.

Au bout d'un quart d'heure, ils reparaissent tous deux et s'assoient en plein air dans le jardin sur deux chaises que le tisserand apporte.

A ce moment les deux hommes engagent une importe conversation à en juger par les gestes nombreux et animés qu'ils font. La conversation dure environ une heure, Bismarck paraît en faire tous les frais, bientôt il se lève, salue l'Empereur, sort et se dirige vers son cheval. Au moment de se mettre en selle, il m'aperçoit près de la porte, vient à moi et me demande si j'ai remarqué de quelle façon il a abordé l'Empereur sur la route. Je lui réponds qu'en effet, il m'a semblé que la façon était un peu cavalière, nous continuons à causer quelques minutes, il m'apprend que rien ne se passera plus là, que c'est au château de Bellevue, dans le voisinage que seront signés les préliminaires de paix. Après cela, il se dirige au trot vers Vendresse, Forsyth et moi nous nous rendons au château de Bellevue.

Cependant avant notre départ, un certain nombre d'officiers faisant partie de la suite du Roi arrivent et entourent la maison du tisserand. J'apprends de l'un de ces officiers que les avis sont partagés au quartier général pour savoir si la paix sera signée de suite à Sedan ou si la guerre devra continuer jusqu'à la prise de la capitale de la France.

Les conseillers militaires étaient d'avis de

marcher sur Paris, Bismarck, au contraire, voulait faire la paix de suite, demander l'Alsace et la Lorraine et une grosse indemnité de guerre, ainsi que je lui avais souvent entendu répéter : « La France est la plus riche nation d'Europe, le seul moyen de la faire tenir tranquille c'est de la démembrer et de vider ses poches ». A cette époque aussi on songeait à conserver l'Empire, depuis, les événements en ont décidé autrement.

Dans notre voyage vers le château de Bellevue nous rencontrons une grande quantité de canons que l'on va placer sur une hauteur dominant la ville. Etonnés de ce mouvement nous en demandons la cause et l'on nous répond que le général Wimpffen n'a pas encore accepté les conditions de la capitulation, qu'il ne les acceptera peut-être pas et qu'il faut se tenir prêts à toute éventualité. Ce devait être une vengeance aussi, car je ne compte pas moins de 62 canons Krupp sur une seule ligne et menaçant la ville.

Napoléon se rend directement de la maison du tisserand au château de Bellevue et vers dix heures le Roi de Prusse arrive de Frénois accompagné de sa suite ainsi que du Prince

Royal et une partie de son état-major. De Moltke et Wimpffen s'étant mis d'accord sur les points en litige avant que les monarques ne se rencontrent, les termes de la capitulation furent signés en moins d'une demi-heure.

Ce grand événement une fois accompli, le Prince Royal se mit à distribuer l'ordre de la Croix de Fer à un grand nombre d'officiers réunis devant le château; un soldat porte un plein panier et le Prince en fait un généreux usage.

Pendant ce temps le Roi de Prusse quitte le château laissant son prisonnier réfléchir sur l'inconstance des choses d'ici-bas et va passer en revue ses troupes victorieuses, les hurras formidables qui l'acompagnent doivent augmenter encore les regrets de l'Empereur captif.

E. AUBRY.

PARIS. — IMPRIMERIE CHAIX. — 1110-2-99. — Leon Larilleur.